Q u

MW01517191

LA VIDA
A TU ALCANCE

Título original: *La vie à petits pas*
Publicado en francés por Actes Sud Junior

Traducción de Nuria Martí

Distribución exclusiva:
Ediciones Paidós Ibérica, S.A.
Mariano Cubí 92 - 08021 Barcelona - España
Editorial Paidós, S.A.I.C.F.
Defensa 599 - 1065 Buenos Aires - Argentina
Editorial Paidós Mexicana, S.A.
Rubén Darío 118, col. Moderna - 03510 México D.F. - México

© Actes Sud Junior, 2002

© 2005 exclusivo de todas las ediciones en lengua española:
Ediciones Oniro, S.A.
Muntaner 261, 3.° 2.ª - 08021 Barcelona - España
(oniro@edicionesoniro.com - www.edicionesoniro.com)

ISBN: 84-9754-184-7
Depósito legal: B-37.517-2005

Impreso en Gramagraf, SCCL
Corders, 22-28 - 08911 Badalona

Impreso en España - *Printed in Spain*

Jean-Benoît Durand

LA VIDA
A TU ALCANCE

Ilustraciones de
Robin Gindre

ONIRO

I

EL PLANETA QUE ALBERGA LA VIDA

El nacimiento de la Tierra

La Tierra es el único planeta del sistema solar donde sabemos que hay vida. Alberga cerca de 1,7 millones de especies conocidas, formadas por animales y plantas de todas clases... y más de seis mil millones de personas. Pero antes de que apareciera el género humano, ¿qué había en ella? La Tierra no ha existido siempre. Y cuando apareció no se parecía en nada a la Tierra que ahora conocemos...

El origen del universo

La mayoría de los científicos creen que el universo se formó hace unos 15.000 millones de años, después del big-bang (palabra inglesa que significa "gran explosión"). Según esta teoría, una burbuja densa y caliente de energía empezó a formarse y a crecer de manera increíble como si fuera un globo gigantesco. En una fracción de segundo liberó y difundió una enorme cantidad de materia, formada de partículas que parecían microscópicas bolas de billar. Al cabo de mil millones de años, estas bolas de billar se pegaron las unas a las otras y formaron las primeras estrellas y galaxias, como la Vía Láctea, la galaxia de la que formamos parte.

El nacimiento del sistema solar

El sol y los planetas que se encuentran
a su alrededor nacieron de la inmensa
nube de gas y partículas de polvo que
giraba en el espacio hace 4.600 millones
de años. El centro de esta nube, al
contraerse, originó una estrella: el sol.

Al agitarse, las partículas de polvo se
acumularon alrededor del sol y, como
si fueran bolas de nieve, formaron
bloques rocosos cada vez más grandes.

Al cabo de muchos millones de años, estos bloques se fueron aglomerando
unos con otros y dieron origen a miles de pequeños planetas.
Pero la mayoría de estos planetas chocaron
y sólo quedaron unos pocos.
Así fue como nacieron
los nueve planetas
del sistema solar,
incluida la
Tierra.

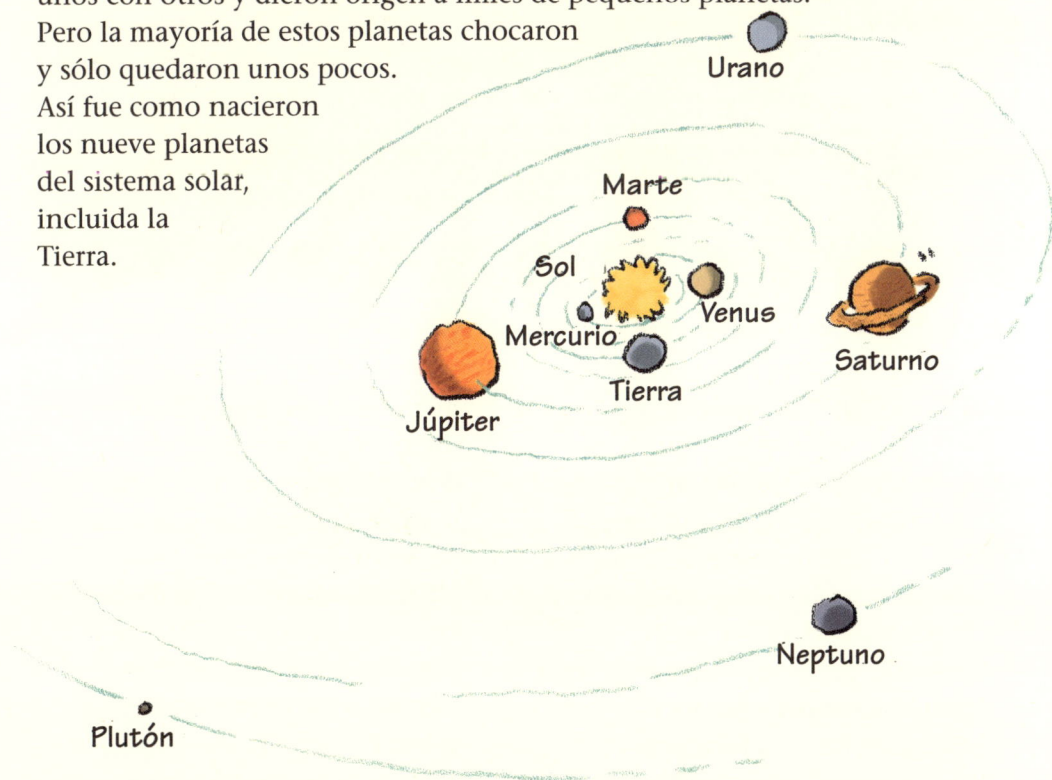

Urano

Marte

Sol

Venus

Mercurio

Júpiter

Tierra

Saturno

Neptuno

Plutón

9

Un nacimiento agitado

Es difícil imaginar a qué se parecía la Tierra cuando se formó hace 4.600 millones de años. En cualquier caso, tú no habrías podido vivir en ella. Imagínate la escena: estaba bombardeada incesantemente por meteoritos y por todas partes había volcanes en erupción arrojando lava. Hacía tanto calor en la Tierra que parecía un horno. La atmósfera, repleta de gases tóxicos, era irrespirable.

Varios millones de años más tarde, la Tierra se calmó.
La atmósfera se llenó de vapor de agua y empezaron a caer lluvias torrenciales; llovió tanto que la Tierra se enfrió, se endureció y se cubrió de océanos.

Un medio favorable para la aparición de la vida

La Tierra es el único planeta de todo el sistema solar que tiene agua en forma líquida. También es el único planeta habitable, ya que cualquier organismo que viva y respire necesita agua. Además, las plantas, los animales y las personas se componen en gran parte de agua.

Tu cuerpo, por ejemplo, se compone de un 70 por ciento de agua.

Sin el sol y sin la atmósfera, tampoco podrían existir los seres vivos. El sol nos ofrece la luz y el calor que necesitamos para vivir. Y la atmósfera, la capa gaseosa que rodea la Tierra, nos permite respirar gracias al oxígeno que contiene. También nos protege de los fuertes rayos del sol.

¿Somos los únicos habitantes del universo?

Por el momento la Tierra es el único planeta conocido que alberga seres humanos, animales y plantas. Sin embargo, en el universo hay muchos otros planetas que posiblemente reúnen las condiciones necesarias para la vida. Pero como están muy lejos, tardaríamos demasiado tiempo en llegar a ellos. Por eso, mientras tanto, los ingenieros escuchan los ruidos del universo y lo espían para ver si detectan alguna señal luminosa. Aunque por el momento no han conseguido ver nada que indicara la presencia de extraterrestres.

¡Eh, que sólo es un disfraz...!

Los primeros «granos de vida»

Cuando la Tierra se formó, aún no había ningún ser vivo en ella. Pero 800 millones de años más tarde surgieron los primeros vestigios de vida en los océanos. ¿Cómo aparecieron? Los científicos creen que nacieron en la «sopa primitiva», el gran caldo producido por la mezcla de gases y de aguas calentadas por los volcanes de aquella época. Otros investigadores piensan que estos «granos de vida» llegaron a la Tierra en los meteoritos.

Los primeros seres vivos no eran más que unas simples células microscópicas. Se trataba de las bacterias, unos organismos casi idénticos a los que existen hoy día. Todos los organismos que viven en la actualidad en la Tierra descienden de aquellas primeras células. La mayoría de las plantas y los animales están constituidos por milles de millones de ellas. El ser humano es el que tiene más: posee cerca de 100 billones. Estas células están especializadas: por ejemplo en la respiración, la digestión o el sistema nervioso.

Las células

¿Qué tienen en común un ser humano, un ratón y un árbol? ¿Nada? Claro que tienen algo en común. Si observas a estos seres vivos a través de un microscopio, descubrirás que los tres están constituidos por unos elementos minúsculos: las células. Y en cambio no se parecen nada entre ellos. La explicación es sencilla: porque existe una gran variedad de células.

No todas las células tienen la misma forma ni el mismo tamaño, depende de las especies. Pero todas están formadas siguiendo el mismo modelo. Cada una de ellas es una verdadera fábrica diminuta donde reina una intensa actividad.

LA CÉLULA ANIMAL

El **núcleo** es el puesto de mando: encierra la información genética, bajo la forma del ADN. ▶

Las **mitocondrias** se encargan de producir energía, son como un motor.

La célula está rodeada de una **membrana.** Como el vigilante de una fábrica, controla todo cuanto entra y sale. ▲

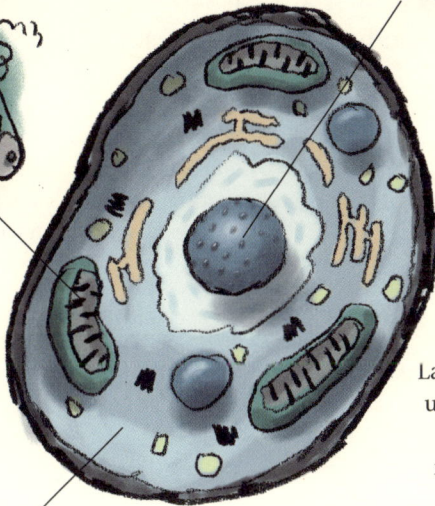

El **citoplasma**, la materia que rellena la célula, se parece a una ◀ gelatina. En su interior se encuentran los «obreros» encargados de hacer funcionar la máquina.

El «suicidio» de las células

La mayoría de nuestras células están programadas para renovarse con regularidad. Las células de la piel, por ejemplo, mueren y son reemplazadas por otras constantemente. También hay unas determinadas células que se «suicidan» para que los árboles puedan desprenderse de las hojas cuando llega el otoño.

Las primeras criaturas

Hace cerca de mil millones de años las células se reagruparon para crear los primeros seres pluricelulares. Estas diminutas criaturas eran aún muy simples. Parecían pequeñas masas de gelatina y flotaban arrastradas por las corrientes.

Los primeros animales verdaderos aparecieron en la Tierra hace 650 millones de años. El estudio de los fósiles encontrados muestra que su cuerpo era blando y que no tenían ni columna vertebral ni esqueleto.

La explosión de la vida

Al principio de la era primaria, hace 540 millones de años, la vida se diversificó. Aparecieron millones de especies, siempre en los océanos.

Los **trilobites** eran los más numerosos. Su cuerpo estaba dividido en tres lóbulos (de ahí su nombre) y las patas eran articuladas. Pocas veces sobrepasaban los 10 centímetros de largo.

La **hallucigenia**, llamada así por su extraño aspecto, poseía siete pares de patas y la misma cantidad de pinchos en el lomo. Medía 2,5 centímetros.

Los **amonites** eran unos moluscos con un caparazón en espiral. Al variar la cantidad de gas que había dentro del caparazón, eran capaces de ascender o descender en el agua, como si fueran pequeños submarinos.

El **anomalocaris** era el organismo vivo más grande de aquella época. Medía 60 centímetros de largo.

Unos peces muy raros

Los primeros peces aparecieron hace 500 millones de años. No se parecían en nada a los que tú conoces. Su cuerpo estaba cubierto de placas óseas y tenían una boca sin mandíbula. En cambio, estaban dotados de columna vertebral, lo que hizo que fueran los primeros animales vertebrados, anteriores a los reptiles, las aves y los mamíferos, de los que los seres humanos formamos parte. Con el tiempo, empezaron a adquirir musculatura, y gracias a ella pudieron desplazarse cada vez más rápido.

Al cabo de unos 50 millones de años los peces ya no se parecían en nada a sus antepasados. Tenían mandíbulas y dientes para defenderse o atacar, aletas para maniobrar y escamas para deslizarse aún más rápido por el agua.

¿Por qué los primeros seres vivos nacieron en el agua?

Porque ninguna de las primeras células que aparecieron se hubiera podido desarrollar en la superficie de la Tierra, pues aún no existía la capa de ozono que nos protege de los mortales rayos del sol. Antes de que la atmósfera se transformara, el agua servía de refugio para protegerse de los gases tóxicos y la radiación solar.

A la conquista de la tierra firme

Las plantas, como las algas y los helechos, fueron las primeras en salir del agua, hace 400 millones de años. Se instalaron en la tierra de forma muy progresiva, aprovechando las mareas bajas. Para adaptarse desarrollaron raíces porque, una vez en la tierra, el agua y las sales minerales que necesitaban para vivir sólo se encontraban en el suelo.

Unos 100 millones de años más tarde las plantas se habían adaptado tan bien que gran parte del planeta se hallaba cubierta de bosques gigantescos. Ciertos árboles alcanzaban los 30 metros de alto, y los helechos, quizá grandes como árboles, también abundaban.

Los insectos se aventuraron a vivir sobre la tierra poco después de que las plantas lo hubieran hecho. Los primeros fueron unos minúsculos animales invertebrados recubiertos por un caparazón que estaban acostumbrados a desplazarse por el fondo del agua. Después se fueron desarrollando numerosas especies que se parecían a los ciempiés y a los escorpiones.

Para huir de los depredadores, ciertos insectos se pusieron a volar. Así que por los bosques sobrevolaban libélulas tan grandes como gaviotas.

Los primeros vertebrados terrestres fueron los anfibios, los antepasados de las ranas. Estos animales tienen una gran ventaja: pueden respirar tanto dentro como fuera del agua.

El ictiostega fue uno de los primeros en sacar el hocico fuera del agua. Su cuerpo alargado, su cola y su cabeza seguían siendo como los de un pez, pero sus aletas con cinco dedos parecían casi unas patas, y sus pulmones le permitían respirar fuera del agua.

De los reptiles a los dinosaurios

Ciertos descendientes de los anfibios se adaptaron aún mejor a la vida fuera del agua. Se trata de los reptiles. Hace 300 millones de años invadieron la Tierra gracias a un revolucionario «invento»: el huevo con cáscara. En la familia de los reptiles, los dinosaurios son los más fascinantes. Estos «lagartos terribles», surgidos hace 225 millones de años, reinaron sobre la Tierra durante 155 millones de años. Se han descubierto más de 800 especies.

Una invención genial

Los anfibios no podían alejarse de las zonas en las que había agua, ya que ponían sus huevos en ella para que no se secaran. Pero los reptiles ya no tenían este problema, porque sus crías se desarrollaban protegidas por una cáscara. En el interior del huevo, las paredes estaban tapizadas con una membrana que impedía que el embrión se deshidratara. Gracias a este invento de la naturaleza, los reptiles colonizaron rápidamente toda la superficie de la Tierra, incluso las regiones más áridas.

Durante la era secundaria los dinosaurios fueron los reyes del mundo. Algunos de ellos se encuentran entre los animales más grandes que jamás ha habido en la Tierra. El brachiosaurio, por ejemplo, era tan alto como un edificio de cuatro plantas. Pesaba como doce elefantes. Sin embargo, muchos dinosaurios tenían el tamaño de un vulgar pollo y se pasaban el día pastando como apacibles vacas.

Pequeños pero rápidos

Los primeros dinosaurios aparecieron al final del **Triásico**, una era que empezó hace 245 millones de años. En aquella época los continentes formaban un solo bloque: el supercontinente Pangea. El clima era caluroso y seco todo el año. Los dinosaurios, al no ser demasiado grandes, no podían infundir miedo a los otros animales. Pero tenían una gran ventaja: sus patas estaban alineadas en vertical bajo el cuerpo, lo cual les permitía huir galopando, a diferencia de los otros reptiles, que reptaban por el suelo.

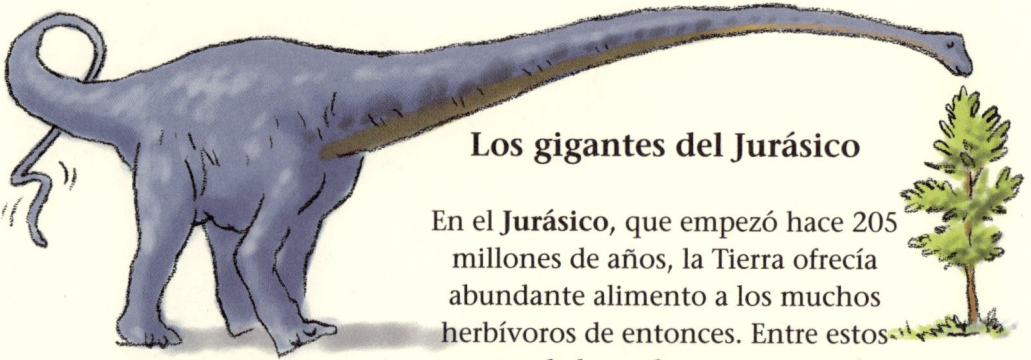

Los gigantes del Jurásico

En el **Jurásico**, que empezó hace 205 millones de años, la Tierra ofrecía abundante alimento a los muchos herbívoros de entonces. Entre estos amantes de la verdura se encontraban tanto los saurópodos como los sismosaurios, unos animales gigantescos, que con su largo cuello mordisqueaban la copa de los árboles.

Unas manadas muy variadas

En el **Cretácico,** que empezó hace 135 millones de años, aparecieron las estaciones. Los veranos eran húmedos y calurosos, y los inviernos, fríos. El clima favoreció el nacimiento de las primeras plantas con flores. Se formaron los continentes. Se diversificaron las especies de dinosaurios. Los apacibles herbívoros, como los iguanodontes, eran las presas de los depredadores más terribles: los tiranosauros.

Las dos grandes familias de dinosaurios

Los paleontólogos clasifican a los dinosaurios en dos grandes categorías, en función de la forma y la disposición de los huesos de la parte inferior de la espalda. Los saurischianos son los que tienen la pelvis de lagarto. Y los ornitichianos, los que tienen la pelvis de ave.

LOS SAURISCHIANOS

Terópodos o «pies de bestia»: dinosaurios carnívoros bípedos (2 patas) muy musculosos.

Saurópodos o «pies de lagarto»: grandes herbívoros cuadrúpedos (4 patas) de largo cuello.

LOS ORNITICHIANOS

Ornitópodos o «pies de ave»: herbívoros cuadrúpedos o bípedos.

Paquicefalosaurios o «lagartos de cabeza gruesa»: herbívoros bípedos con la cabeza reforzada por un «casco» que atenuaba los golpes.

Ceratopsianos o «dinosaurios con cuernos»: herbívoros cuadrúpedos con una especie de collar y largos cuernos en el cráneo.

Anquilosaurios o «lagartos acorazados»: herbívoros cuadrúpedos cubiertos de una coraza de placas espinosas. Su cola terminaba en una bola huesuda.

Estegosáuridos o «lagartos con placas»: herbívoros cuadrúpedos con unas placas triangulares y espinosas en la espalda y con la punta de la cola recubierta de pinchos.

Una misteriosa desaparición

Ningún ser humano ha visto jamás un dinosaurio
vivo, ya que desaparecieron brutalmente hace
65 millones de años, a finales del Cretácico,
y los seres humanos sólo aparecieron
63 millones de años más tarde.

La explicación más corriente acerca de la
desaparición de los dinosaurios es la caída de un
gigantesco meteorito sobre la Tierra. El impacto,
de una increíble violencia, seguramente provocó un
terrible maremoto y levantó una gigantesca nube de
polvo que ocultó el sol durante meses o años. Al no tener
luz, las plantas murieron y los dinosaurios herbívoros se quedaron
sin alimento. Y a su vez los dinosaurios carnívoros, al no poder comerse
a los dinosaurios herbívoros, también acabaron extinguiéndose.

¿Quiénes sobrevivieron?

Curiosamente la catástrofe que destruyó a los dinosaurios no afectó a todos los seres vivos. Se cree que tres especies de cada diez sobrevivieron. Entre los supervivientes se encuentran ciertos reptiles, como los cocodrilos, los lagartos y las serpientes, y también los mamíferos, los anfibios y los insectos.

Los dinosaurios desaparecieron por completo de la Tierra, pero gracias al descubrimiento de los fósiles, se sabe que sus descendientes se encuentran entre nosotros. Son las aves. Todas las aves actuales descienden sin duda del arqueopterix, el ave más antigua que se conoce, descendiente en realidad de un pequeño dinosaurio carnívoro.

El **arqueopterix** vivió hace 130 millones de años. Tenía dientes, garras y alas. Para poder volar trepaba a los árboles y luego se lanzaba torpemente en el aire.

El estudio de los fósiles

Han desaparecido casi todos los mil o dos mil millones de especies animales y vegetales que existieron después de la aparición de la vida en la Tierra. Sólo algunas de ellas han conseguido llegar hasta nosotros en forma de fósiles. Sin la magia de la fosilización, el pasado sería sin duda un gran agujero negro.

La fosilización

En general, cuando un animal muere su cuerpo es devorado por los buitres y sus huesos se desintegran convirtiéndose en polvo. A veces ocurre que muere cerca del mar, de un lago o de un pantano: su cadáver queda entonces rápidamente sepultado bajo el lodo. Las partes más duras del cuerpo, como los dientes, los huesos o el caparazón, se transforman lentamente en piedra.

1. Un animal muerto va a parar al fondo del mar o de un lago.

2. El cuerpo queda sepultado por el lodo o los sedimentos. La carne se pudre.

3. Con el paso del tiempo, las sustancias químicas contenidas en los sedimentos transforman el esqueleto en roca. El animal se convierte en fósil.

4. Millones de años más tarde el fósil reaparece como por arte de magia, a menudo bajo la acción de una lenta erosión.

Los «fósiles vivientes»

De entre todos los animales prehistóricos, sólo algunas especies han sobrevivido milagrosamente hasta nuestros días.

El **nautilo**, un molusco que apareció hace 360 millones de años, apenas ha cambiado. En la actualidad vive en el océano Índico y en el Pacífico.

El **celacanto**, un pez con un esqueleto óseo, ha superado también la prueba del tiempo. Apareció hace cerca de 400 millones de años y a partir de 1938 se empezaron a encontrar algunos ejemplares en el océano Índico.

En el Pacífico se puede encontrar a menudo otro superviviente de la prehistoria: el **cangrejo herradura**. Este invertebrado, dotado de un caparazón de tortuga, ya vivía sobre la Tierra hace 500 millones de años.

Cazadores de dinosaurios

Desde mediados de 1800 los paleontólogos se han dedicado a viajar por todos los confines del mundo en busca de fósiles de dinosaurios. Cuando descubren un hueso o un esqueleto, lo separan con delicadeza de la roca utilizando primero un buril y después una brocha. Antes de trasladarlo, los paleontólogos hacen unos dibujos del fósil y toman fotos del lugar para mostrar la disposición de los huesos. Por último, envuelven el fósil con bandas de yeso para protegerlo durante el transporte.

¡Es un tiranosauro!

¿... está realmente muerto?

II

DESDE LOS PRIMEROS MAMÍFEROS HASTA LA ESPECIE HUMANA

Los mamíferos se multiplican

Los mamíferos aparecieron casi al mismo tiempo que los dinosaurios, hace 225 millones de años. En aquella época los reptiles eran los dominantes en el reino animal, en cambio la presencia de los mamíferos era muy discreta: sólo salían por la noche y tenían el tamaño de un ratón. Pero al desaparecer los dinosaurios, los mamíferos tuvieron el campo libre. Desde entonces fueron ellos los que a su vez dominaron la Tierra.

Al principio de la era terciaria los millones de distintos mamíferos se adaptaron con gran rapidez al medio. No se parecían a las especies actuales, pero ya ilustraban la variedad de mamíferos que llegaría a existir en el futuro. Entre ellos había herbívoros, insectívoros, carnívoros, roedores... Muchos de ellos vivían en los mares: son los «abuelos» de las ballenas y los cachalotes. Con el paso del tiempo algunos llegaron a ser gigantescos, como los mamuts.

Los bebés en el vientre de la madre

Los primeros mamíferos ponían huevos como los reptiles. Pero al final de la era secundaria, hace 120 millones de años, la mayoría «inventaron» una nueva forma de tener bebés mucho más segura que los huevos, ya que el embrión se desarrolla en el vientre de la hembra.

¡A comer!

Las mamás podían amamantar a sus pequeños gracias a sus mamas (de ahí el nombre de «mamífero»), evitando así que ellos tuvieran que ir a buscar su comida.

¿Por qué los mamíferos no desaparecieron al mismo tiempo que los dinosaurios?

Los mamíferos, a diferencia de los dinosaurios, pocas veces pasaban frío, porque una pequeña caldera interior mantenía su cuerpo a una temperatura constante, aunque hiciera un frío glacial. Este mecanismo fue, sin duda, el que les permitió soportar el enfriamiento del clima. Además, como en aquella época eran muy pequeños, podían sobrevivir con poco alimento.

El ser humano, el más dotado de todos los mamíferos

La historia de la especie humana, comparada con la de la vida que está teniendo lugar hace cientos de millones de años, apenas acaba de empezar. Los primeros seres humanos aparecieron en África hace unos 2,5 millones de años. Al principio se parecían a los monos, y no han dejado de evolucionar.

Pero el hombre no desciende del mono, sino que tanto unos como otros tienen un antepasado común. Sí, los orangutanes, los gorilas y, sobre todo, los chimpancés son nuestros primos. Todos pertenecen a la misma familia de mamíferos, la de los primates, que apareció sobre la Tierra hace 67 millones de años.

Los primates son unos mamíferos bípedos, de manera ocasional o permanente. Utilizan las manos o los pies para atrapar objetos y su cerebro está desarrollado.

El antepasado de los primates se llama **purgatorius.** Se parece a una musaraña de 10 centímetros de largo.

La separación

Hace siete millones de años, el tronco común del árbol genealógico se dividió en dos ramas: por un lado estaban los monos y, por el otro, los antepasados del ser humano actual. Esta separación tuvo lugar después de un gran cambio geográfico y climático. En aquella época el suelo de África se abrió y se separó, creando una barrera entre el este de África y el resto del continente. Los antepasados comunes que vivían al oeste evolucionaron entonces hacia los chimpancés actuales y, en cambio, los del este fueron los antepasados de los seres humanos.

El **siamopiteca** es el más antiguo de los monos. Se pasa todo el tiempo en los árboles. Hace 40 millones de años los monos se desarrollaron en casi todos los continentes.

Entre el mono y el hombre

En 1974 los paleontólogos descubrieron un esqueleto en Etiopía, en África. Estaba casi completo, algo muy poco común. Se trataba de una «antigua» joven, del tamaño de una niña de siete años, que vivió hace 3,2 millones de años. Los científicos le pusieron el nombre de Lucy. Lucy, como todos los australopitecas, vivía en grupos y se pasaba la mitad del tiempo en los árboles. Como tenía el cuerpo cubierto de vello, se parecía más a un mono que a un ser humano. Lucy ya sabía mantenerse sobre los dos pies.

¡Menos risas, algún día seré famosa!

Ja

Ja Ja

Sí, dentro de tres millones de años.

Los australopitecas aparecieron hace cerca de cuatro millones de años. Los últimos se extinguieron hace casi un millón y medio. Reciben este nombre porque los primeros fósiles de sus cuerpos se encontraron en el África austral, es decir, en Sudáfrica.

El nacimiento de la familia de los seres humanos

La historia del ser humano no forma una línea recta. A lo largo de los 2,5 millones de años transcurridos convivieron o se sucedieron muchos grupos.

Un millón y medio de años después de la existencia de los primeros australopitecas, apareció el **Homo habilis** («hombre hábil»). Es el primer ser humano que se conoce. Era de mayor tamaño que los otros, su cerebro estaba más desarrollado y, sobre todo, se servía de utensilios hechos de piedra y bastones parecidos a los que suelen usar los chimpancés y los gorilas actuales.

El **Homo ergaster** llegó de repente hace 2 o 1,8 millones de años. Era de mayor tamaño que los precedentes y un buen corredor. Fue el primer ser humano que abandonó África. También fue el que descubrió el fuego.

El **Homo erectus** («hombre erguido») apareció hace 1,8 millones de años en África. Su nombre se debe a su postura erguida. Grande, fuerte e inteligente, se convirtió en un temible cazador. Con los afilados utensilios que fabricaba se atrevía a atacar a animales de gran tamaño, como los elefantes.

El **Homo neandertalensis** (u hombre de Neanderthal) apareció hace 100.000 años. Vivía en cabañas o cuevas y se cubría con pieles de animales para protegerse del frío. Enterraba a sus muertos.

33

El **Homo sapiens** («hombre sabio»), que aún se denomina hombre de Cromañón, apareció en la misma época que el hombre de Neanderthal, hace unos 100.000 años. Fueron los primeros humanos modernos. Las dos especies convivieron durante varios millones de años; después el hombre de Neardenthal se extinguió, dejando el campo libre a nuestros descendientes directos, que fueron los únicos que sobrevivieron sobre la Tierra.

Los hombres de Cromañón aparecieron en África antes de colonizar el resto del mundo. Las distintas clases de constitución física surgieron en aquella época. La mayoría se deben a una adaptación al clima: los que debían protegerse del sol tenían la piel más oscura, en cambio los habitantes de las regiones frías eran más rechonchos...

¿Quién te ha enseñado a pintarrajear la pared?

Los *Homo sapiens* fueron sin duda los primeros de nuestros antepasados que utilizaron las palabras. También eran muy creativos: se les atribuye la creación del arte. Se han descubierto cuevas de cerca de 30.000 años de antigüedad decoradas con pinturas.

¿De dónde vienen las diferencias entre los seres vivos?

Hasta el siglo XIX la mayoría de los científicos y filósofos creían que todos los seres vivos habían nacido por arte de magia, o casi. Es cierto, las distintas especies se diferencian mucho las unas de las otras. Pero si se observan con atención, también se parecen en algunos aspectos. De estas observaciones nació un día una extravagante idea: ¿Y si todas las especies actuales procedieran del mismo antepasado y fueran el resultado de millones de años de evoluciones y transformaciones?

La evolución de las especies: una idea revolucionaria

Buffon fue uno de los primeros científicos en creer que la naturaleza y los seres vivos se transformaban con el paso de los siglos. Era un naturalista francés que vivió a finales del siglo XVIII.

Cincuenta años más tarde, el naturalista inglés **Charles Darwin** propuso una teoría de la evolución de las especies más coherente. En la actualidad la siguen aceptando la mayoría de los científicos.

A principios del siglo siguiente **Jean-Baptiste Lamarck,** un biólogo francés, llegó a la conclusión de que las plantas y los animales podían haber cambiado para adaptarse a los medios naturales en los que vivían. La idea era buena... pero su explicación fue incorrecta.

Darwin no se inventó la teoría de la evolución de las especies, sino que se basó en veinticinco años de observación y de estudio. Durante su juventud estuvo durante cinco años dando la vuelta al mundo en barco para estudiar a los animales y las plantas. Llegó a la conclusión de que todas las especies procedían las unas de las otras a causa de unas transformaciones sucesivas y que su diversidad era el resultado de una lenta evolución.

Al visitar las islas Galápagos, en el océano Pacífico, Darwin se percató de que los pinzones no tenían el mismo pico en todas las islas. Comprendió que las diversas clases de pinzones pertenecían a la misma especie y que sus diferencias procedían de lo que los pájaros habían encontrado para comer en cada una de las islas.

La selección natural

Según Darwin, ningún individuo, aunque sea de la misma especie, es idéntico a otro. Entre ellos existen pequeñas diferencias que son fruto del azar. Estas diferencias pueden consistir en un nuevo color de pelaje, en la desaparición o la aparición de una pata o un ala... En un entorno que cambia o evoluciona, los cambios desfavorables para la especie acaban desapareciendo tarde o temprano. En cambio, si el nuevo rasgo adquirido es una ventaja porque hace, por ejemplo, que el animal sea más resistente, tiene más posibilidades de sobrevivir y de desarrollarse. Darwin llamó a esta característica la «selección natural», en el sentido de que el medio «selecciona» lo que es útil y elimina lo que es desfavorable.

Estos tres zorros, por ejemplo, se diferencian por el lugar donde viven.

El **zorro europeo**, que vive en los bosques, tiene unas orejas de un tamaño mediano.

El **zorro del desierto** (o zorro del Sáhara) posee unas grandes orejas que lo ayudan a soportar con más facilidad el calor del desierto.

El **zorro polar** tiene unas orejas minúsculas y redondeadas para que no se le hielen.

∘ Un gran escándalo

Darwin esperó muchos años antes de publicar su teoría. Dudaba en hacerlo por temor a las reacciones que provocaría. Y sí, en 1859 la publicación de *El origen de las especies* produjo un gran escándalo. La Iglesia consideró que se oponía a la creación divina tal como la enseñaba la Biblia. Además, a los partidarios de una ideología racista tampoco les gustó nada, porque si todos procedíamos del mismo antepasado, no existía la jerarquía entre las «razas»...

¿Por qué va contando por ahí que los monos son mis primos?

La mayor parte del tiempo no puedes ver con tus propios ojos la evolución de una especie. Sin embargo, existen algunas excepciones; aquí tienes una de las más asombrosas.

A principios del siglo XIX, en Inglaterra, las falenas del abedul, unas mariposas, tenían las alas claras. Sólo algunos raros especímenes nacieron «por accidente» con alas negras. Cuando las de alas blancas se posaban sobre los abedules se confundían con el color de la corteza y se salvaban de sus depredadores.

Pero hacia 1850, cuando la contaminación procedente de las industrias empezó a ennegrecer los troncos de los árboles, las falenas blancas fueron las primeras en ser devoradas porque eran demasiado visibles. En cambio, las negras, al camuflarse mejor, las reemplazaron.

III

LA VIDA,
UNA GRAN AVENTURA

Comer o ser comido, la cadena de la vida

En un árbol, una oruga está a punto de mordisquear una hoja.
De pronto un gorrión echa a volar y la atrapa con el pico.
Justo cuando el pájaro acaba de engullirla, un gato se lanza
sobre él y se lo come. Este proceso se llama la cadena
alimentaria. Une a todos los seres vivos entre ellos.
Si en la cadena falta un eslabón, ¡se acabó!

• Todos los seres vivos necesitan energía para vivir. Esta energía la obtienen
de otros seres vivos. Por eso las plantas absorben de la tierra las sales
minerales y las sustancias necesarias. Las plantas a su vez alimentan a los
animales herbívoros. Los herbívoros son devorados por los carnívoros.
Y los carnívoros son a su vez presas de otros animales carnívoros más
grandes. Y en último lugar, los microorganismos y los hongos se alimentan
de cadáveres y de restos vegetales, y luego los transforman en la sustancia
que las plantas absorben de nuevo. Es como un circuito sin principio ni fin.

Cada uno tiene su lugar

Muchas especies distintas comparten los mismos territorios. ¿Cómo lo hacen para no «pisotearse»? En general, cada una tiene su forma de vivir. No todas cazan de la misma manera, ni permanecen en actividad en el mismo momento, ni se alimentan de las mismas cosas...

El **rinoceronte negro** se alimenta de las hojas de los arbustos que se encuentran a su altura.

El **ñu** se come los brotes tiernos.

¡Los ñus con los ñus!

La **cebra** se come los brotes de hierba largos.

A la **jirafa** le encantan las hojas situadas más arriba.

El **elefante** prefiere las hojas y las cortezas de los árboles que él mismo arranca con la trompa.

La **gacela** se alimenta de las plantas o los frutos que están al nivel del suelo.

En la sabana africana hay comida para todos. Cada animal herbívoro se alimenta de una hierba o de una parte distinta de la hierba.

Un equilibrio muy frágil

La existencia de una especie no depende sólo de los otros seres vivos con los que convive, sino también del medio natural en el que vive: bosque, pradera, montaña, desierto, lago, mar... Estos medios y el conjunto de organismos que habitan en ellos constituyen lo que llamamos ecosistemas.

Cada especie ocupa un lugar muy concreto en su ecosistema y todas dependen estrechamente las unas de las otras. El equilibrio es frágil. Si a los herbívoros les falta la hierba, los animales carnívoros a su vez no dispondrán de la suficiente carne para comer.

Al cazar ciertas especies o destruir los lugares en los que viven, los humanos hemos modificado o a veces alterado los ecosistemas hasta el extremo que, en algunos casos, una especie puede llegar a desaparecer definitivamente de la Tierra.

También el hombre vive con animalitos

En este mismo momento corretean por tu cuerpo o dentro de ti miles de millones de animalitos. Son tan pequeños que no puedes verlos a simple vista. La mayoría no son peligrosos, al contrario, algunos son útiles, como las bacterias que chapotean por tu barriga. Se alimentan de lo que encuentran en tus intestinos y, a cambio, te ayudan a digerir. Los ácaros son otra clase de organismos microscópicos que viven en nuestro cuerpo y que a veces nos provocan picores o nos transmiten enfermedades.

La vida corre peligro

Los humanos somos unos seres vivos distintos de los demás. Gracias a nuestra inteligencia, modificamos nuestro entorno. Todo empezó hace 10.000 años, cuando nuestros antepasados descubrieron la agricultura y la ganadería. Pero a partir del siglo XIX todo se ha acelerado. El desarrollo de la ciencia y la tecnología nos ha llevado a destruir los medios naturales hasta el punto de poner en peligro numerosas especies.

Alrededor del 30 por ciento de las tierras del planeta que no están sumergidas se encuentran cubiertas de bosques. A lo largo de los diez últimos años se estima que se ha estado destruyendo cada minuto una zona de bosque equivalente a diecinueve campos de fútbol. En su lugar, se construyen carreteras o se siembran cultivos. Y la contaminación, los incendios y las tormentas empeoran más aún las cosas.

Las selvas tropicales son las más explotadas. Sólo cubren el 7 por ciento de la superficie de la Tierra, pero albergan del 50 al 90 por ciento de las plantas y los animales. Cada año desaparecen por este motivo miles de especies vivas, algunas de ellas incluso antes de ser descubiertas.

Un solo árbol de la selva amazónica, en Sudamérica, puede llegar a albergar 40 especies de hormigas.

Contaminación de todo tipo

Los pesticidas y los abonos químicos que los agricultores utilizan se filtran en la tierra con el agua de la lluvia. Primero contaminan las distintas capas de agua subterránea y luego los ríos y manantiales. Las fábricas también han estado durante mucho tiempo vertiendo sus desechos directamente en los ríos. Estos elementos contaminantes matan a numerosas especies.

Las mareas negras, aunque sean poco corrientes, provocan catástrofes ecológicas a gran escala. Estas manchas de petróleo que flotan en el mar son accidentales o están causadas por los vertidos de los petroleros hechos por personas sin escrúpulos. Cada vez que ocurren, provocan la muerte de decenas de miles de animales y además contaminan la costa.

Tú no deberías andar por aquí.

Al introducir especies en un medio ajeno al suyo, los humanos también hemos sido responsables de manera indirecta de la desaparición de animales o de plantas. Las personas que compran tortugas de Florida, por ejemplo, suelen soltarlas al cabo de un tiempo en la naturaleza cuando estos animalitos se vuelven demasiado voluminosos. Estas agresivas y voraces tortugas provocan un desequilibrio en el ecosistema de los ríos y son una amenaza para otras tortugas de agua dulce.

Las especies amenazadas

Desde que la vida animal y vegetal se instaló sobre la Tierra, algunas especies han sobrevivido hasta el día de hoy y, en cambio, otras han desaparecido, quizá después de catástrofes naturales, como en el caso de los dinosaurios. Pero la presión que ejercen las actividades humanas ha acelerado el ritmo de las desapariciones. Si seguimos a este ritmo, a finales de este siglo habremos eliminado la mitad de las plantas y de los animales.

La foca monje del Mediterráneo es el animal más amenazado en Francia, ya que quedan menos de 400 ejemplares. Los numerosos turistas que invaden las playas le impiden dar a luz en la arena.

Si te vas de vacaciones a África o a Asia no compres recuerdos de marfil, porque se han fabricado con colmillos de elefantes. En veinte años, la población de casi un millón y medio de elefantes de África ha quedado reducida a 400.000 ejemplares.

En el mundo existen cinco especies de rinocerontes y todas ellas están amenazadas. A principios del siglo XX había, por ejemplo, un millón de rinocerontes negros y en cambio en la actualidad sólo quedan 3.000. En algunas ocasiones a los rinocerontes se les corta el cuerno con una sierra para que los cazadores furtivos no los maten.

El gran panda es el símbolo de la lucha para la protección de los animales amenazados. Un millar de estos maravillosos ositos viven en las reservas chinas. No es una cantidad importante, pero son objeto de muchos cuidados. Todos los medios son buenos para ayudarlos a reproducirse. Los científicos chinos incluso están intentando clonarlos.

Los gorilas, los orangutanes, los chimpancés y los bonobos son unos grandes monos. Son cazados por su carne y son víctimas de la explotación de los bosques.

Los corales son muy útiles porque albergan cerca de dos millones de especies de peces, moluscos, gusanos, crustáceos... El aumento de la temperatura del aire, la contaminación y, en ciertos países, la pesca con dinamita o con cianuro está haciendo que corran un gran peligro.

La protección de las especies y de los medios naturales

Sabemos hace mucho tiempo que somos responsables de la mayoría de las desapariciones de animales y plantas. Pero por increíble que parezca, es necesario establecer una serie de prohibiciones y de multas para frenarla. En la actualidad existen numerosas leyes que prohíben o reglamentan el comercio con animales o con plantas.

Después de que las ballenas estuvieran a punto de desaparecer, la mayoría de los países aceptaron no seguir cazándolas. Pero en Islandia, Japón y Noruega las siguen matando con la excusa de que se trata de investigaciones científicas.

Las asociones ecologistas

En el mundo existen muchas asociaciones que defienden el medio ambiente. Luchan contra la contaminación y organizan campañas para proteger las especies amenazadas. Algunas incluso han recurrido a operaciones espectaculares para alertar a la opinión pública.

¡Hay que detener la masacre!

• Para luchar contra la desaparición de todas las formas de vida sobre la Tierra algunas zonas han estado clasificadas de zonas protegidas. Estas zonas se seleccionan dependiendo de la diversidad y la riqueza de las especies que viven en ellas. Son los parques regionales, los parques nacionales, las reservas... El público en general no siempre puede transitar por ellos, y en ciertos casos sólo los científicos pueden visitarlos.

Como no podemos «aislar» la Tierra entera para protegerla, siempre que sea posible hay que encontrar soluciones para que los humanos vivamos en armonía con la naturaleza.

Se puede hacer, por ejemplo, que los cables de alta tensión estén bajo tierra para que las aves no se electrocuten con ellos, o crear unos pasos especiales para que las ranas puedan cruzar las carreteras sin ningún peligro y reproducirse en el charco que elijan.

Tú también puedes poner en práctica algunos sencillos principios:

No arranques plantas protegidas.

No molestes a los animales, sobre todo durante el periodo de reproducción.

Si tienes un jardín, coloca en él una casita de madera para que aniden los pájaros, o una pila de leña y de hierbas secas para los erizos.

¡Socorro!

NO MOLESTAR

¡Gracias!

Dar a luz

Todos los seres vivos, desde las minúsculas bacterias hasta las enormes ballenas, son capaces de dar a luz a otros seres vivos. Gracias a ello la vida se ha desarrollado en nuestro planeta.

Existen dos formas de reproducirse. Determinados organismos, como las bacterias o los gusanos, se reproducen solos, por ejemplo, dividiéndose en dos. Es lo que se llama la reproducción asexuada. En este caso los descendientes son idénticos.

En la mayoría de los animales y las plantas la reproducción es sexual, es decir, es necesaria la unión entre el sexo masculino y el sexo femenino. En este caso los descendientes son muy variados.

La fecundación

En los animales, la hembra y el macho poseen unas células sexuales distintas. En la hembra es el óvulo, de forma redonda. Y en el macho, el espermatozoide, que se parece a un renacuajito. Para que pueda formarse un nuevo ser es necesario que un espermatozoide se encuentre con un óvulo y se una a él. Es lo que se llama la fecundación.

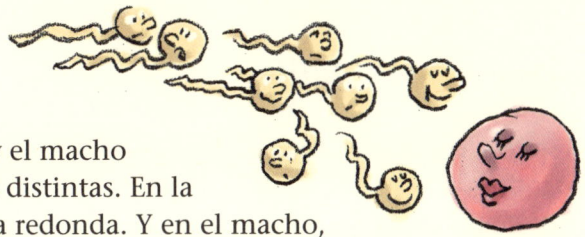

¡Un poco de calma, pequeños míos!

En muchos animales la fecundación se realiza en el interior del cuerpo de la hembra. En el momento de la cópula, el macho introduce su sexo en el de la hembra. En los mamíferos, incluyendo la especie humana, el embrión se desarrolla en el vientre de la madre.

En los peces y las ranas la fecundación se realiza en el exterior. La hembra libera en el agua los óvulos y el macho deposita entonces sus espermatozoides en ellos. Los óvulos fecundados se convierten primero en huevos y después en renacuajos o en pececitos.

En las plantas con flores, las células masculinas se encuentran en el polen, un polvo amarillo fabricado por los estambres. Las células femeninas se encuentran en el pistilo. El viento y los insectos, al transportar el polen de una flor a otra, se encargan de asegurar su fecundación.

53

Las células se multiplican

Después de que la fecundación ha tenido lugar, el óvulo se divide para crear dos nuevas células, y éstas también se dividen en dos para crear cuatro, y luego ocho, y luego dieciséis, y así sucesivamente, hasta crear las numerosas células de las que se compone un nuevo ser vivo.

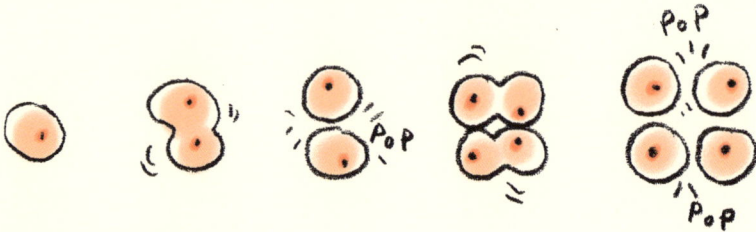

En el vientre de la madre

La duración de la gestación no es la misma en todos los animales. La mamá elefante ha de esperar pacientemente 22 meses, en cambio la mamá ratón sólo guarda en su vientre a sus pequeños durante 20 días.

El nacimiento

Las aves ponen los huevos en un nido y después se colocan encima de ellos para transmitirles el calor de su cuerpo. Para poder salir del huevo, los polluelos han de hacer grandes esfuerzos para romper el cascarón.

¡Baja la calefacción! ¡Hace demasiado calor!

¡PUAJ!

Cuando los gatitos nacen, la mamá les corta el cordón umbilical con los dientes. Y después, como tantos otros mamíferos, lame a sus pequeños para quitarles la membrana que los cubría cuando estaban en el útero.

¿Mamá?

¿Mamá?

¡Olvídate de ella!, nos las arreglaremos solos...

Los lagartos y las serpientes ponen sus huevos en la tierra o bajo las hojas, pero no los incuban. Las crías de los huevos crecen gracias al calor de la tierra y del sol. Para salir de ellos han de arreglárselas solitos. Rompen la cáscara con la ayuda de un dientecillo que les ha crecido en la punta del hocico y que se les cae después de nacer.

Muchos mamíferos se tumban para dar a luz. Pero la jirafa lo hace de pie. Cuando la cría de jirafa asoma la punta del hocico, cae desde una altura de dos metros. ¡Vaya caída!

¡Aaaah!

Nueve meses para nacer

En los humanos, el bebé permanece unos nueve meses bien calentito en el vientre de su mamá.

En el primer mes

El futuro bebé recibe el nombre de embrión. Es del tamaño de un guisante y ya tiene un corazoncito que late.

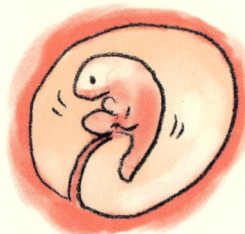

En el segundo mes

Mide tres centímetros. Tiene brazos y piernas y también manos y pies.

En el tercer mes

El embrión no mide más de 10 centímetros. Pero los órganos de su cuerpo ya se han formado. En este periodo recibe el nombre de feto.

En el cuarto mes

El feto mide 15 centímetros. Tiene uñas y cabello. Se puede sentar, dar la vuelta y estirarse. Su mamá siente cómo se mueve. A veces da pataditas.

El bebé está rodeado de **líquido amniótico**.

El **útero** va ensanchándose a medida que el bebé crece.

El **cordón umbilical** une al bebé con la placenta.

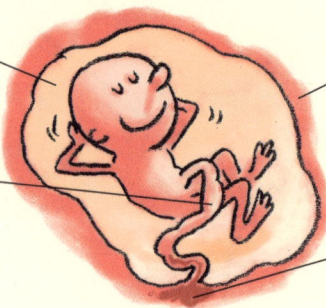

La **placenta** permite el transporte de oxígeno y la alimentación del bebé.

En el quinto mes

El feto oye el ruido de las tripas de su mamá y algunos ruidos del exterior: las risas, los gritos, la música, las bocinas...

¡Silencio!

En el sexto mes

El bebé mide 30 centímetros. Traga líquido amniótico y hace pipí en el interior, pero este líquido se elimina enseguida.

En el séptimo mes

El bebé se pasa casi todo el tiempo
durmiendo. Empieza a faltarle sitio.

En el octavo mes

El bebé se da la vuelta en el útero y se prepara
para nacer: se coloca cabeza abajo.

En el noveno mes

El bebé ya casi no cabe. Mide unos 50 centímetros y pesa poco más de
3 kilos. Ha llegado el momento de dejar su cómodo nido. Los músculos
del vientre de la mamá se contraen para empujar a su hijito hacia abajo.
Su sexo se expande para que el bebé pueda pasar; la cabeza es lo primero
en salir. El bebé se echa a llorar. Es un buen signo. El médico corta
el cordón umbilical y coloca al recién nacido sobre la barriga de su mamá.
Es un momento muy tierno.

¿Es esto mi
hermanito?

La herencia

»Tiene la nariz respingona de su papá», «Tiene el pelo
negro de su mamá»... Seguro que alguna vez has oído esta
clase de frases. Si te pareces a tus padres es porque los dos
te han transmitido una parte de ellos mismos. ¿Cómo?
En cada una de las células del cuerpo se encuentra una
información codificada: los genes. Estos genes son los
responsables del color del cabello y de los ojos, de la
forma de la cara... Cuando tus padres te concibieron, sus
genes se mezclaron de tal forma que te dieron un sabio
cóctel de toda la familia.

57

Aprender a crecer

Todo lo que está vivo crece. Según las especies, el crecimiento es más o menos rápido: puede durar desde algunos días hasta varios años. En los humanos y los animales los bebés han de comer mucho para que su peso y su tamaño aumenten.

Los ratoncillos nacen sin pelo y ciegos. A los 14 días ya les ha crecido todo el pelo. A las tres semanas se atreven a salir del nido. Al cabo de 2 o 3 meses ya son «mayores» y pueden tener hijos.

3 días   3 semanas   3 meses

Al nacer los **oseznos** pesan 300 gramos. Gracias a la leche de su madre, al cabo de dos meses pesan 3 kilos. A los 6 meses ya se alimentan como los adultos, pero no dejan a su mamá ni a sol ni a sombra. Los osos machos crecen hasta los 10 años, en cambio las hembras alcanzan su tamaño definitivo a los 5 años.

6 días   6 meses   6 años

En los **humanos** el crecimiento arranca a toda velocidad. Durante el primer año el bebé crece más de 20 centímetros y casi triplica el peso que tenía al nacer. A los 4 años ha crecido el doble y mide cerca de 1 metro. Después va creciendo al menos 4 milímetros al mes hasta los 13 años. En la adolescencia el crecimiento se acelera de nuevo. Hacia los 20 años alcanzamos nuestro tamaño definitivo: los huesos han dejado de crecer.

Aunque yo sea el más pequeño, soy el que crece más rápido.

1 mes   4 años   13 años   20 años

Los centímetros y los descubrimientos

Durante los primeros años de vida, el bebé se concentra en su crecimiento. Después crece más despacio y aprovecha para aprender a mover el cuerpo, a andar, a hablar, a leer... Aprende a utilizar los diez dedos, a vestirse solo, a distinguir la derecha de la izquierda... También aprende a hacer amiguitos y amiguitas.

Para vivir hay que alimentarse bien

Ningún ser vivo puede sobrevivir sin beber ni comer. Los alimentos al transformarse en tu cuerpo te aportan la energía que necesitas no sólo para crecer, sino también para mantenerte sano. Por eso has de comer de forma equilibrada, es decir, comer un poco de todo.

El aceite, la mantequilla y la nata contienen grasas: los **lípidos.** Aportan mucha energía a tu cuerpo, pero sólo los necesitas en pequeñas cantidades.

El pan, los cereales, el arroz y la pasta contienen azúcares: los **glúcidos.** Le dan a tu cuerpo energía durante muchas horas.

Las verduras y las frutas son ricas en **vitaminas.** Cada una de estas sustancias desempeña un importante papel en el funcionamiento de tu cuerpo. Por ejemplo, la vitamina A es necesaria para crecer y para la piel. La vitamina C ayuda a combatir las enfermedades.

La leche, el yogur y el queso contienen **calcio.** Este mineral es el que ayuda a tener unos huesos y dientes sanos. A tu edad debes consumir mucho calcio.

Las carnes, el pescado y los huevos aportan **proteínas.** Son los constituyentes esenciales de las células. Las proteínas son indispensables para el crecimiento y te mantienen sano.

Hemos de beber unos dos litros de **agua** al día.

Gozar de buena salud

Tener buena salud no consiste sólo en no estar enfermo, sino en tener un organismo que se defienda bien contra las enfermedades. Para ello, el médico comprobará que todo el organismo te funciona correctamente y te vacunará contra las enfermedades graves. También debes lavarte, para evitar que los microbios se desarrollen, y hacer deporte con regularidad para fortalecerte. Y por último, no olvides que para recuperar la energía lo mejor es dormir las horas necesarias. Un niño de siete años ha de dormir unas once horas al día.

La pubertad

El cuerpo, de los 9 a los 13 años en las niñas, y de los 11 a los 15 en los niños, se va pareciendo cada vez más al de un adulto. Es la pubertad.

A los niños les crece un poco de vello por todo el cuerpo y su voz cambia, volviéndose más grave.

A las niñas les crecen los pechos y les sale vello en las axilas y en el bajo vientre.

> Caramba, hermanita.... Te han crecido los pechos.

> ... y tu estás en la edad tonta.

La transformación más importante no es visible. Tiene que ver con los órganos sexuales, que empiezan a funcionar en la pubertad. El sexo de los chicos se vuelve más grande y los testículos se ponen a fabricar espermatozoides. Los ovarios de las chicas liberan óvulos y aparece la menstruación, o sea, la regla. Todos los meses la membrana que se encuentra en el interior del útero se llena de sangre para poder acoger a un bebé. Si no se produce ningún embarazo, la sangre se elimina periódicamente. Cuando una chica tiene la regla significa que físicamente es capaz de tener un bebé.

> ¿Aún no te ha venido la regla?

> ¡Me da igual! No tengo ninguna prisa por tener un bebé...

En la pubertad no sólo el cuerpo evoluciona, sino que también la cabeza se vuelve más activa. A veces incluso demasiado. Tienes ganas de ser más libre, de vestirte como a ti te gusta. Si eres un chico empiezas a interesarte por las chicas y si eres una chica, por los chicos. Los padres te aburren, te pasas horas con los amigos o las amigas... Esta etapa no siempre es fácil y necesitarás un tiempo para sentirte cómodo en tu nueva piel.

Todas las historias tienen un final

Todos los seres vivos acaban muriéndose un día, es inevitable. La vejez está grabada en cada una de nuestras células. A lo largo de los años tanto los humanos como los animales vamos perdiendo flexibilidad y nos cansamos con mayor rapidez. La vista y el oído se debilitan y al organismo cada vez le cuesta más combatir las enfermedades. Un día el corazón deja de latir.

¿Cuántos años pueden vivir los animales?

Es difícil saber cuántos años viven los animales en estado salvaje. En los zoos viven más tiempo porque están cuidados y protegidos. En libertad, en cambio, un animal viejo es devorado rápidamente.

La tortuga: 100 años

El perro: 20 años

El elefante: 80 años

El conejo: 15 años

El caballo: 50 años

La hormiga: 8 años

El chimpancé: 50 años

La abeja: 5 años

El delfín: 30 años

El ratón: 3 años

¡No es justo!

El gato: 20 años

La efímera: 1 o 2 días

Cuando un animal o una planta se mueren, los restos también se aprovechan. Los buitres, los insectos y los gusanos se comen el cadáver. Y lo que nadie aprovecha vuelve a la tierra para alimentar las plantas.

¡Uf! ¡Creí que iba a morirme de hambre!

Según las estadísticas, a mí me quedan 68 años y a ti 64...

¿Y cuál es el margen de error?

¿Y qué hay del hombre?

Gracias al progreso de la medicina y a las mejores condiciones de vida, los seres humanos vivimos cada vez más tiempo. Las mujeres suelen vivir algunos años más que los hombres. En los países pobres, como las condiciones de vida son mucho más difíciles, las personas viven bastantes menos años. En ellos mueren muchos niños por falta de cuidados y de alimento.

La clonación, o reproducción en laboratorio

En 1997 un equipo de investigadores escoceses conseguía clonar el primer mamífero adulto. Se trataba de una oveja, que bautizaron con el nombre de Dolly. Al contrario de las otras ovejas, Dolly fue concebida artificialmente sólo a partir de su mamá, algo así como una fotocopia. Para algunos es un gran éxito científico y las experiencias de la clonación se han multiplicado a partir de entonces. El objetivo de numerosos investigadores es «la clonación terapéutica»: no consiste en fabricar el clon de un individuo, sino las células de recambio para curar enfermedades. Otros científicos también creen poder de esta forma salvar a especies amenazadas.

¡Tú no eres más que una copia!

¡Tú no eres más que una copia!

Los experimentos de la clonación humanan suscitan mucha inquietud. Corren el peligro de llevar a concebir bebés según determinados criterios: de una determinada altura, con el pelo y los ojos de un color en concreto... A pesar de las prohibiciones ya se están llevando a cabo en muchos países.

A menudo al envejecer el estado anímico se debilita al igual que el cuerpo: uno pierde la memoria, no reconoce a sus familiares...
A veces las personas mayores ya no son capaces de ir a comprar la comida ni de cocinar. No pueden vivir solas: se vuelven dependientes.

Para vivir, el organismo necesita oxígeno. Cuando el corazón se para, la sangre deja de circular y el oxígeno no llega a las células. Cuando el cerebro deja de funcionar, este estado se llama muerte cerebral. Es el fin definitivo de la vida.

La muerte hace posible la vida

Si ningún animal, ni ninguna planta, ni ningún ser humano se murieran nunca, sería una catástrofe. La Tierra estaría tan llena que nos pisotearíamos todos y el equilibrio natural correría un gran peligro. La muerte permite la evolución de unos y otros gracias a la aparición de nuevas características de una generación a otra. Por suerte, aunque todas las vidas, como todas las historias, tengan un final, cada una de ellas cuenta una historia distinta. Por eso son tan ricas...

67

No resulta fácil representar un espacio de tiempo tan largo como millones o miles de millones de años. Si la historia de la Tierra sólo tuviera un año y empezara el 31 de diciembre a medianoche, la vida habría aparecido a principios del mes de marzo. Los primeros animales vertebrados habrían salido del agua el 20 de noviembre. Los dinosaurios habrían desaparecido el 26 de diciembre. Los primeros hombres modernos habrían nacido en la noche que va del 28 al 29 de diciembre.
Y la revolución francesa habría tenido lugar hace sólo un segundo y medio.

¡Caramba! Este calendario me produce vértigo...

Enero	Febrero	Marzo	Abril	Mayo	Juni
1 nacimiento de la Tierra	1	1	1	1	1
2	2	2	2	2	2
3	3	3	3	3	3
4	4	4 aparición de la vida	4	4	4
5	5	5	5	5	5
6	6	6	6	6	6
7	7	7	7	7	7
8	8	8	8	8	8
9	9	9	9	9	9
10	10	10	10	10	10
11	11	11	11	11	11
12	12	12	12	12	12
13	13	13	13	13	13
14	14	14	14	14	14
15	15	15	15	15	15
16	16	16	16	16	16
17	17	17	17	17	17
18	18	18	18	18	18
19	19	19	19	19	19
	20	20	20	20	20
	21	21	21	21	21
	22	22	22	22	22
23	23	23	23	23	23
24	24	24	24	24	24
25	25	25	25	25	25
26	26	26	26	26	26
27	27	27	27	27	27
28	28	28	28	28	28
29		29	29	29	29
30		30	30	30	30
31		31		31	

Si la Tierra sólo tuviera un año de edad

Julio	Agosto	Septiembre	Octubre	Noviembre	Diciembre
					1
	1	1	1	1	2
	2	2	2	2	3
	3	3	3	3	4
	4	4	4	4	5
	5	5	5	5	6
	6	6	6	6	7
	7	7	7	7	8
	8	8	8	8	9
	9	9	9	9	10
		10	10	10	11
		11	11	11	12
			12	12	13
			13	13	14
		15	14	14	15
		16	15	15	16
	16	17	16	16	17
	17			17	18
				18	19
	19			19	20
	20			20	21
	21	21		21	22
	22			22	23
	23			23	24
	24			24	25
		25	25	25	26
	26	26	26	26	27
	27	27	27	27	28
	28	28	28	28	29
		29	29	29	30
	30	30	30	30	31
	31		31		

¡Eh! ¡Fíjate! En esta escala aparecimos dos días después de los dinosaurios.

20 Los primeros vertebrados salen del agua

¡argh!

26 desaparición de los dinosaurios

28 aparición del hombre moderno

El test de la vida

Ahora que eres un especialista en el nacimiento de la Tierra
y en la evolución de los seres vivos, diviértete haciendo preguntas
a los miembros de tu familia.

1. ¿Cuántas especies se conocen sobre la Tierra?

2. ¿Qué es lo que caracteriza a una especie?

Especie de...

3. El primero en pintar imágenes en las paredes de las cuevas ¿fue el *Homo erectus*?

☐ **Verdadero** ☐ **Falso**

4. ¿Cuáles son los dos principales elementos indispensables para los seres vivos?

¿Dos?

5. ¿Cómo se llama el acontecimiento que originó el nacimiento del universo?

PUF

6. Las primeras formas de vida nacieron en la superficie de la Tierra.

☐ **Verdadero** ☐ **Falso**

7. ¿Cómo se llaman los minúsculos elementos de los que se componen los seres humanos?

8. ¿Qué anfibio es el que vive en la actualidad en la orilla de las charcas y los estanques?

70

9. La palabra dinosaurio significa «lagarto maléfico».

☐ Verdadero   ☐ Falso

10. ¿Cómo se llaman las huellas o los restos que una planta o un animal deja grabados en las rocas?

11. ¿Es responsable el hombre de la desaparición de los dinosaurios?

12. ¿Cómo se llama la persona que estudia las plantas y los animales prehistóricos?

13. ¿Cuál es la teoría que explica que todas las especies proceden de una lenta transformación?

14. ¿Cómo se llama la transmisión de ciertos rasgos de padres a hijos?

15. El primer animal clonado fue un musmón.

☐ Verdadero   ☐ Falso

16. Los seres humanos y el mono tienen un antepasado común.

☐ Verdadero   ☐ Falso

¡Eh, prima!

17. ¿Cuántos hombres y mujeres hay sobre la Tierra?

Papá
Mamá
Cristina
Miguel
Ana
...

18. Los bosques europeos son los que más han sufrido la deforestación.

☐ **Verdadero**   ☐ **Falso**

RESPUESTAS

Voy a repartir los resultados...

1. 1,7 millones.

2. Todos los seres vivos de una misma especie se parecen y pueden reproducirse entre ellos.

3. Falso. Es el **Homo sapiens.**

4. El aire y el agua.

5. El big-bang.

6. Falso. Nacieron en el agua.

7. Las células.

8. La rana.

9. Falso. Quiere decir «lagarto terrible».

10. Un fósil.

11. No. Los dinosaurios fueron sin duda víctimas de la caída de un meteorito. En aquella época aún no había aparecido ningún ser humano sobre la Tierra.

12. Un paleontólogo.

13. La teoría de la evolución de las especies.

14. La herencia.

15. Falso. Fue una oveja a la que bautizaron como Dolly.

16. Verdadero. Se trata de un pequeño primate.

17. Más de 6.000 millones.

18. Falso. Las más afectadas son las selvas tropicales. Los bosques europeos van creciendo un poco cada año, a pesar de la contaminación y los incendios.

Minidiccionario

ADN
Contenido molecular en el núcleo de las células de los genes.

Anfibio
Animal que puede vivir tanto en la tierra como en el agua.

Atmósfera
Conjunto de capas gaseosas que rodean la Tierra y que la protegen de la radiación solar.

Bacteria
Ser vivo minúsculo formado por una sola célula.

Big-bang
Palabras inglesas que significan «gran explosión». Según la teoría del big-bang, el universo se formó después de una gigantesca explosión, hace unos 15.000 millones de años.

Capa de ozono
Zona de la estratosfera formada por un gas llamado ozono. La capa de ozono filtra los rayos peligrosos del sol.

Célula
El elemento más pequeño del que se compone un ser vivo. Las plantas, los animales y los seres humanos están formados por miles de millones de células.

Clon
Organismo genéticamente idéntico a otro organismo, creado sin la unión de un macho con una hembra.

Ecosistema
Conjunto formado por un medio natural (bosque, lago...) y los seres vivos que lo habitan.

Embrión
Nombre que recibe un ser humano durante los tres primeros meses en el vientre de su madre.

Erosión
Desgaste del relieve debido al viento, al agua, al hielo...

Espermatozoide
Célula reproductora masculina que se encuentra en el esperma.

Estambre
Órgano sexual masculino de una flor donde se forma el polen.

Fósil
Huellas o restos de animales o de plantas incrustados en una roca.

Galaxia
Un inmenso conjunto de estrellas.

Gen
Parte del núcleo de una célula que transmite las características hereditarias (por ejemplo el color de los ojos).

Gestación
Periodo durante el cual la hembra lleva a su pequeño en el vientre.

Mamífero
Animal vertebrado, las hembras están dotadas de mamas para poder amamantar a sus crías. La mayoría de los mamíferos tienen el cuerpo cubierto de pelo.

Naturalista
Científico que estudia las plantas, los minerales y los animales.

Ovarios
Glándulas de las mujeres y de los animales hembra que producen los óvulos.

Óvulo
Célula sexual femenina en un ser vivo.

Paleontólogo
Persona que estudia los animales y las plantas prehistóricos.

Pesticida
Producto químico que destruye los animales y las plantas dañinos para los cultivos.

Pistilo
Órgano sexual femenino de una flor.

Polen
Polvo amarillo fabricado por los estambres de las flores que sirve para fecundarlas.

Pubertad
Conjunto de cambios físicos y psicológicos que indican el pasaje de la infancia a la edad adulta.

Reserva natural
Territorio delimitado y reglamentado para proteger todas las especies vegetales y animales que hay en él, o una parte de ellas.

Sedimento
Depósito formado por el agua o el viento.

Testículos
Glándulas sexuales de los hombres y de los animales machos que producen espermatozoides.

Útero
Órgano de las mujeres y de los animales hembra donde se desarrolla el embrión.

Índice

EL PLANETA QUE ALBERGA VIDA

El nacimiento de la Tierra 8

Los primeros «granos de vida» 12

Las primeras criaturas 14

A la conquista de la tierra firme 16

De los reptiles a los dinosaurios 18

El estudio de los fósiles 24

DESDE LOS PRIMEROS MAMÍFEROS HASTA LA ESPECIE HUMANA

Los mamíferos se multiplican 28

El ser humano, el más dotado de todos los mamíferos 30

¿De dónde vienen las diferencias entre los seres vivos? 36

LA VIDA, UNA GRAN AVENTURA

Comer o ser comido, la cadena de la vida 42

La vida corre peligro 46

Dar a luz 52

Aprender a crecer 58

Todas las historias tienen un final 64

Si la Tierra sólo tuviera un año de edad 68

El test de la vida 70

Minidiccionario 73